CARPINEJAR

COLO, POR FAVOR!

REFLEXÕES EM TEMPOS DE ISOLAMENTO

Planeta

Copyright © Fabrício Carpinejar, 2020
Copyright © Editora Planeta do Brasil, 2020
Todos os direitos reservados.

Preparação: **Ana Tereza Clemente**
Revisão: **Vanessa Almeida e Departamento editorial da Editora Planeta**
Projeto gráfico e diagramação: **Marcela Badolatto**
Capa: **Túlio Cerquize**

Dados Internacionais de Catalogação na Publicação (CIP)
Angélica Ilacqua CRB-8/7057

Carpinejar, Fabrício
 Colo, por favor!: reflexões em tempos de isolamento / Fabrício Carpinejar. -- São Paulo : Planeta, 2020.
 176 p.

ISBN 978-65-5535-032-6

1. Crônicas brasileiras I. Título

20-1869   CDD B869.8

Índices para catálogo sistemático:
1. Crônicas brasileiras

Acreditamos
nos livros

Este livro foi composto em Woodford Bourne para a Editora Planeta do Brasil e impresso pela Geográfica em setembro de 2020.

2020
Todos os direitos desta edição reservados à
EDITORA PLANETA DO BRASIL LTDA.
Rua Bela Cintra, 986 – 4º andar – Consolação
01415-002 – São Paulo-SP
www.planetadelivros.com.br
faleconosco@editoraplaneta.com.br

Apresentação

Nunca as varandas foram tão frequentadas. Com o resguardo diante da pandemia, elas se tornaram uma espécie de calçada da família. As pessoas viraram namoradeiras de pedra em seus corrimãos.

Você monitora os edifícios e sempre tem alguém de vigia no mirante particular. Mesmo as mais estreitas, que não têm espaço nem para uma churrasqueira, vêm servindo para esticar as cadeiras de praia e as pernas. Ter uma abertura ao ar livre, para tomar sol e descascar tangerinas no inverno, para dar uma escapadinha e ver o movimento ou o não movimento das ruas.

Alguns entoam músicas para os vizinhos, outros tocam os seus instrumentos como violão, violino e saxofone.

É uma porção de pássaros nos fios dos parapeitos, cantando, decantando a solidão, controlando o mundo de cima e se esforçando para exercer uma comunicação nova, a distância, pelos sinais e pelas vozes, para alcançar ao menos a solidariedade dos rostos.

É a redescoberta das serenatas, das conversas ao entardecer, de apanhar o pôr do sol ou a lua e manchar as camisas com os reflexos da luz.

Ainda há aqueles que se trancam ali para fazer sua terapia por chamada de vídeo, isolados dos parentes, protegendo a privacidade das confissões, como se estivessem em antigas cabines telefônicas.

Há os que discutiram e, depois dos gritos dentro de casa, esfriam a cabeça com as sobrancelhas sofridas, pungentes, quase chorando de raiva.

Há os fumantes, que tragam espirais de fumaça com lentidão, imitando suspiros à beira de um cânion imaginário.

Há os jogadores de carteado, do buraco, que montam brincadeiras de cartas com os filhos enquanto esperam o tempo passar. São os mais alegres, fingindo que atravessam um veraneio chuvoso.

Há também os velhinhos que jamais se aproximam do umbral, temerosos da altura, que mantém a sombra e a pele unidas no mesmo passo.

A porta de correr das varandas é mais usada do que a porta da frente. Não duvido que os anjos, os Cristos e as tabuletas de bem-vindo mudem de lugar.

Este livro é a minha sacada dos primeiros meses de isolamento, o meu ângulo da transformação radical de nossas vidas, com contato social restrito ao mínimo e uma angústia extrema do porvir.

São as minhas razões poéticas em quarenta textos (evocando a quarentena), interligados, escritos no epicentro da crise, quando já contabilizávamos mais de duzentos mil mortos no mundo e mais de três mil pelo Brasil devido à covid-19, todos partindo de um aforismo que criei e acompanhando as minhas andanças dentro de meus limites sociais e culturais de observação.

Andei de um lado para o outro das palavras, à procura de um sentido para a sobrevivência do lirismo e da gentileza em meio ao caos e ao medo.

Não existe quem não tenha sido influenciado pelo baque e não recapitule as suas prioridades.

Todos perderão. Todos terão prejuízos. Todos assistirão, impotentes, as suas economias e recursos escorrerem pelo ralo. Empregos vão desaparecer, comércios vão fechar, recessão atingirá o seu recorde centenário. Isso é certo, o que ainda não prevemos é como reagiremos com as consequências por dentro de nós.

Ofereço o que posso: o meu colo sincero e honesto. Deite os seus olhos.

Sumário

1. Só o colo acalma a saudade **9**
2. A esperança é a nossa maior coragem, acreditar mesmo sem saber o que virá **13**
3. Se ainda chora, não chegou ao fundo do poço. O fundo mesmo é começar a rir do próprio desespero **17**
4. As ruas estão vazias, que o coração permaneça cheio **21**
5. Solidão é quando não tenho mais medo de mim **25**
6. Se não posso ir para fora, caminho para dentro de mim **29**
7. Se não está rezando, alguém está rezando por você **33**
8. Não deixe nunca o cansaço roubar a sua educação **37**
9. A gentileza salva o mundo, mesmo quando não sabemos **41**
10. Quando você não aguenta mais ouvir a voz, é que o beijo já morreu antes **45**
11. Não tem fila andando, está guardando um lugar à toa, a concorrência é uma fantasia para você aceitar qualquer migalha no amor **49**
12. Não duvide da criatividade da culpa. As pessoas encontram as razões mais malucas para justificar os seus erros **53**
13. Voltar para um ex é como reler um livro: precisa ter gostado muito para não se importar em saber o final **57**

14. Um amor errado nos envelhece, um amor certo nos rejuvenesce **61**

15. A dor modifica as pessoas **65**

16. Toda escolha depende da capacidade de suportar perdas **69**

17. Para ter longevidade, os afetos emprestam parte de suas vidas **73**

18. Atendi ao pedido dos pais de não conversar com estranhos, e deixei de me escutar **77**

19. Há jovens que já são veteranos da morte **81**

20. Mantenha a árvore cheia, para que o ninho nunca fique vazio **87**

21. Quando não soluciono meus problemas, eu me afasto deles até me fortalecer para enfrentá-los **91**

22. Podemos voltar no tempo, desde que o tempo permaneça vivo dentro da gente **95**

23. Mude devagar, aos poucos, com consistência. Toda transformação radical só traz recaídas **99**

24. Felizes são os que transformam os irmãos em amigos e os amigos em irmãos **105**

25. Não há autoconhecimento que não tenha altos e baixos, crise e euforia. A estabilidade é para quem se mantém na superfície **109**

26. Reclamar só atrai os chatos **113**

27. Há hora para navegar e hora para reparar o barco. Nem tudo é alto-mar **117**

28. O único jeito de esquecer uma lembrança triste é criando lembranças felizes **121**

29. Maturidade é rir daquilo que você já acreditou um dia **125**

30. O amor é um filme de baixo orçamento. Não precisamos de muito para sermos felizes **131**

31. Paixão é o encontro de duas pressas. Amor é o encontro de duas paciências **135**

32. Não conseguir ver é enxergar sempre **139**

33. O amor é frágil, feito só para os fortes **143**

34. A avó dizia: para ser feliz, a gente não precisa sair do lugar, a gente tem que ser o lugar **147**

35. Se a alma pudesse ser vista no espelho, teria gente que não sairia mais de casa **153**

36. A gratidão não faz dívidas **157**

37. Não existe ternura retroativa **161**

38. Amor-próprio é cuidar de si mesmo quando não se está doente **165**

39. Admiração é falar bem dos outros pelas costas **169**

40. Você agora entende que não vivia por falta de tempo, mas de vontade mesmo **173**

1.
Só o colo acalma a saudade

Depois do afastamento dos familiares e dos amigos, depois da apreensão pelo número de mortos e de hospitalizados, o que mais queremos é colo.

O colo é o antídoto da saudade. O colo é o que tranquiliza a ansiedade. O colo é o lugar mais parecido com o coração fora de nossa caixa torácica. O colo é o esconderijo onde podemos chorar à vontade, porque estamos protegidos e livres do medo. O colo é o travesseiro de gente, encostar a cabeça em quem mais amamos para fechar docemente os olhos.

No colo, alguém nos cuida e nos dá licença para nos emocionar, alguém nos guia com o pente dos dedos a achar um caminho para a tristeza, reunindo os fios soltos de nossa esperança, soltando os nós de nossa respiração.

No colo, exclusivamente no colo, temos paz para aliviar esse aperto no peito de não prever o que nos espera, de não poder determinar a nossa saúde, o nosso emprego, o nosso sustento, a nossa sanidade.

O colo é a oração das causas impossíveis, tornando-nos possíveis de novo.

O colo é voltar para a infância por um momento, quando tínhamos conforto para as cólicas e insônias, a fim de agora consertar as dores adultas.

O colo é a canção de ninar, a cadeira de balanço, o conforto de um perfume conhecido.

O que mais pretendemos recuperar é o colo. Jamais o colo foi tão desejado, tão necessário, tão inadiável nesta vida.

Um abraço ainda é pouco. Um beijo ainda é pouco. O aperto de mãos ainda é pouco. Só o colo mata a enormidade da falta que nos aflige.

O que mais buscamos é o colo do pai, o colo da mãe, o colo dos avós, o colo dos irmãos, o colo dos filhos, o colo da namorada ou do namorado, da esposa ou do marido, o colo dos melhores amigos, o colo de Deus, o colo do sol, o colo no parque olhando as nuvens, o colo na praia escutando as ondas, o colo do vento passando e nos despertando fome, o colo de sair do cansaço, o colo de dar a volta por cima, o colo da normalidade, o colo do mundo.

2.

A esperança é a nossa maior coragem, acreditar mesmo sem saber o que virá

A esperança não é a última que morre, é a primeira que ressuscita. E a que reaviva o resto, os outros sentimentos que estavam sem esperança.

A esperança é querer mais do que a realidade oferece. A esperança é não se contentar com a realidade. A esperança é a própria realidade quando a realidade falta.

A esperança é comemorar uma alegria na tristeza, é inventar notícias otimistas das adversidades, é dizer que o acaso nos protegeu de coisas piores.

A esperança é combater os diagnósticos e frustrar as previsões negativas. A esperança é um sim diante do não, um talvez diante do nada.

A esperança é a valentia da solidão, quando ninguém acredita em você, dar o exemplo e ir acreditando, ensinar o outro como acreditar, por onde deve começar a acreditar, expor as crenças, ser didático com as dúvidas, demonstrar vontades que apareceram unicamente nos sonhos, desenhar frases até que encontrem sentido juntas, desejar alto para que todos sintam a sua vontade de fazer.

Esperança é seguir apesar do corpo parando. É seguir apesar da cabeça cansada. É antecipar os olhos com as palavras, é ter os olhos das palavras sempre abertos, é estar presente na alma para receber a melhor versão de si.

Pela esperança, o que ainda não aconteceu de bom já aconteceu antes dentro da gente.

3.

Se ainda chora, não chegou ao fundo do poço. O fundo mesmo é começar a rir do próprio desespero

É no fundo do poço que encontramos a nossa humildade, as pedras mais bonitas, as palavras mais corajosas.

Estar no fundo do poço tem uma vantagem: a de não poder perder mais nada. Não temos mais nada capaz de escorrer pelas nossas mãos. É a nossa nudez essencial, tudo o que nos rodeia nos pertence, não será mais arrancado de nós, roubado, desfalcado.

As ruínas são os alicerces de nossa personalidade. Delas, construiremos a nossa saída mais perene e indestrutível.

Veremos quem realmente foi o nosso amigo, quem permaneceu ao nosso lado no desconsolo, descobriremos quem é leal e merece os nossos cuidados.

As pessoas falsas não descem junto conosco, as futilidades e as extravagâncias ficam na beira da roldana, você reavê aquilo que é de verdade, sem os contextos favoráveis.

A queda pode ter acontecido por um amor fracassado, um negócio de risco, uma demissão injusta, a morte de um ente querido.

Representa o luto de uma época da vida, o fim de uma fase, uma solitária batalha perdida, é e sempre será um estado provisório.

O escuro durará brevemente. Servirá para buscar o brilho das estrelas e do sol pelas frestas. Entenderá o valor da simplicidade, daquilo que recebia naturalmente, porém não tinha condições de perceber e desfrutar.

Quem está muito alto, só pode cair. Quem está no raso, só pode subir.

No fundo do poço, tem uma mola que o eleva de volta para as alegrias mais sinceras. Ele lhe devolve a autenticidade desperdiçada pela vaidade.

Quando atingir o interior, não vai mais chorar, soltará a gargalhada mais estrondosa. O desespero passará a ser até engraçado, não machucará mais, transformando-se numa piada cada vez mais distante e impessoal. Terá um mapa do lugar e usará a experiência para ensinar os outros a saírem.

A partir desse instante de riso estranho e súbito, será o próximo balde de esperança.

4.

As ruas estão vazias, que o coração permaneça cheio

Temos que defender os ouvidos, não somente escutar os urubus e os corvos. Há outros pássaros cantando lá fora e dentro de nossa memória.

Precisamos revezar a audição com o curió, o canário, o sabiá, o pardal, o rouxinol pelas janelas de nossa alma. Todo amigo é uma ave cantando diferente.

Que usemos o tempo sozinhos para melhorarmos as nossas relações, corrigirmos as omissões e os lapsos pelo excesso de trabalho, dedicarmo-nos com mais afinco à educação de nossas crianças.

Não estamos isolados, mas protegidos.

A proteção é ninho aquecido de afeto, uma chance de reabastecimento emocional de nossas aspirações.

Cuidar dos ouvidos é evitar o bombardeio pessimista da atualidade. Não ser alienado, mas alternar os fatos tristes com ações edificantes no nosso cotidiano.

Não permanecer exclusivamente no celular assistindo e partilhando vídeos apocalípticos, soma de infectados e mortos.

Que retiremos o pânico da pandemia. Não há como ser feliz sob susto constante.

O jeito de apequenar o medo é procurar interagir com as melodias caras de nossa vida: a voz dos pais, dos filhos, da esposa, dos amigos. Fazer perguntas de como eles nos enxergam, se estamos sendo presentes ou não.

É importante o ponto de vista externo para construir a nossa imagem.

Gargalhe com bobagens, faça mais piadas e memes com aqueles que estão próximos.

Regue as plantas e reorganize as roupas no armário, para voltar a vestir as peças que andam esquecidas pela pressa.

Cozinhe receitas da vó, para recuperar sabores perdidos.

Como não há como ir para o salão, por que não brincar de manicure e cabeleireiro com o pessoal de casa?

Não se sentir culpado por se divertir. Especialmente isso. Não sofrer de modo desnecessário é respeitar quem está realmente sofrendo.

Não se prender ao "se", abolir o "se" do vocabulário, não penar por antecipação.

Palavras amáveis são fáceis e nos abrigam para sempre. O canto dos pássaros é o nosso despertador interior.

5.

Solidão é quando não tenho mais medo de mim

Não é possível olhar nos olhos do medo.

O medo só existe fazendo tudo sumir.

É uma mágica da ansiedade. Tira as suas certezas da paz das gavetas, dos armários, da rotina, das ideias, dos afetos.

Cria a desconfiança de que está desaparecendo. Vai espalhando interrupções na metade de suas tarefas.

Ele chega se despedindo. Chega dando adeus.

Usa a sua precipitação para que tome decisões erradas, aproveita da sua pressa para que tropece, brigue, e confunda-se de onde está e de quem é.

O medo apaga a sua identidade. É uma amnésia de pertencimento. Apaga amores, apaga filhos, apaga o trabalho, apaga a família, escreve apagando a sua letra.

Quem tem medo não está em lugar algum, não é mais ninguém.

Ele esconde a sua felicidade para não a encontrar. Desloca os seus sentimentos de lugar e você jura que não os tem mais. Parte, desesperado, para descobrir o novo paradeiro.

O medo não é exatamente o pânico de morrer, é se arrepender de ter nascido por tanto medo de viver.

6.

Se não posso ir para fora, caminho para dentro de mim

Os profissionais da saúde são os primeiros que tombam com a peste.

Uma vacina é feita de quantas mortes de médicos e enfermeiros?

Enquanto estamos em casa, caminhando dentro de nós, eles seguem lá fora, vulneráveis e frágeis, dedicando-se a resgatar o fio das vidas nos novelos dos hospitais.

Abandonaram os seus casamentos, as suas crianças, as suas paixões, os seus prazeres.

São os loucos, os santos, os inconsequentes, os intempestivos, os passionais, os que saem correndo em direção ao campo inimigo, na primeira fileira do combate.

A intuição solidária é superior ao instinto de sobrevivência. Contrariam a própria sanidade de salvarem-se primeiro.

Não se cansam de recomeçar, de tentar de outro jeito, de procurar saídas, de entender a carência dos pacientes por trás dos diagnósticos.

Não se abatem pela precariedade da estrutura, nem param quando faltam aparelhos. São os portadores dos extremos, das palavras e atitudes difíceis.

Não reparam no passado, imersos em um incessante presente. A cada leito, uma nova chance de vencer os sintomas.

Trocam incansavelmente de luvas e máscaras, sem temer a gravidade dos quadros, sem se envergonhar da sinceridade.

Renunciaram às suas férias, emendam turnos, dormem pouco, mal conseguem acessar o celular e dar notícia aos seus parentes.

Têm em si um vírus do amor mais resistente do que qualquer enfermidade.

Homens de branco e de azul, mulheres de branco e de azul, homens e mulheres que têm as cores para dizer que as nuvens passam e que o céu voltará a ficar limpo, que reconhecem os idosos como seus avós, que tratam as crianças e adolescentes como seus filhos, fazendo amizade apenas com as sobrancelhas.

São os que mais sofrem, porque não têm nem o direito de sofrer na hora. Sofrerão depois, muito tempo depois.

7.

Se não está rezando, alguém está rezando por você

Sempre alguém de casa é a vela. A chama da fé. O fogo da crença.

Não importa que os outros não pratiquem a religião, não acreditem em Deus, duvidem de milagres, há alguém na família que rezará por todos.

Sempre haverá alguém fazendo vigília enquanto os demais vivem a inconsciência de seus atos, alguém cumprindo promessas das graças alcançadas e nunca noticiadas, alguém no escuro dos olhos fechados pela claridade dos seus afetos, alguém protegendo a brasa da confiança com a concha das mãos.

Minha mãe é a cera e o pavio queimando pelos filhos e netos. Ela é a sarça ardente, a oração interminável, a guardiã do nosso futuro, a nossa advogada da transcendência, efetuando acordos, garantindo atenuantes e entrando com liminares para diminuir os nossos pecados.

De noite, ela encomenda saúde para nós, pede proteção, estabelece os turnos dos anjos conforme os problemas de cada um.

Ela é a provedora religiosa, aquela que põe comida na mesa da alma, que inspira a seguir quando estamos próximos da desistência, que diz que uma janela foi fechada para que se abra uma porta, que anuncia o sol no meio da tempestade, que sossega o medo com a esperança.

Dobra os joelhos para que fiquemos de pé, beija o chão para que possamos passar.

Entra em sua súplica inclusive quem se mostra raivoso e brigado, quem não quer conversa, quem se mantém afastado e emburrado. Não há privilégios e vaidades pessoais na sua devoção.

Realiza sacrifícios e renúncias silenciosamente, privando-se do que mais gosta ou atravessando longas escadarias apesar dos oitenta anos. Nunca saberemos com o que se comprometeu em troca. Tem invioláveis segredos com o céu.

Ela nos abençoa coletivamente, independentemente de nossa cabeça baixa e de nossas ideologias.

Não solicita nenhuma retribuição, não procura obter vantagens. Põe o nome por extenso dos beneficiados dentro da força do seu pensamento.

Tampouco pergunta se desejamos algo, se precisamos de uma façanha do espírito. Ela está bem informada por onde anda o coração de sua prole. Dita e envia as cartas para o invisível com a sua voz sussurrada.

Persistimos tranquilos porque ela nos guarda.

(Hoje acordei tenso, preocupado, aflito: e quem reza pela mãe?)

8.

Não deixe nunca o cansaço roubar a sua educação

Minha educação não depende da reação de terceiros, ela continuará existindo acima do que acontecer, de acidentes e erros, de enganos e injustiças.

Minha educação nunca será uma recompensa pelo bom tratamento. Não é a reativa. Não é mérito da recepção.

A educação é minha, mesmo quando alguém não a merece. Pois eu sempre a mereço.

Não devo perder o respeito porque uma pessoa faltou com o respeito comigo. Aliás, devo mostrar respeito por mim, pelas minhas crenças, pelo meu caráter, pela minha formação, e não me rebaixar aos gritos e às ofensas. Preciso manter a ilha de serenidade enquanto o mar está tempestuoso e de ressaca ao meu redor.

Eu recebi cuidados dos pais para não os rifar por qualquer banalidade.

Depois que se sacrifica uma vez a postura, não há mais como recuperá-la.

Há um costume de achar a educação circunstancial. Se foi tratado mal, tem que dar o troco.

Vejo além, educação é permanente. Educação permanente é integridade.

Corresponde a não romper a confiança para ganhar uma discussão.

Quem acolhe um segredo enterra-o no quintal amigo do silêncio – portanto, deixe a grama crescer por cima para nunca mais localizá-lo. De modo nenhum pode ressuscitá-lo para favorecê-lo nos argumentos.

Educação é não transformar confissões em ataques. É não se vingar. É não se vitimizar. É não se impor.

Porque o insulto se assemelha à verdade, porém é o contrário dela, a encarnação da violência. Quem grita perde mais do que a razão, mas a sensibilidade.

Educação é amor-próprio. É acreditar em si, apesar dos outros.

9.

A gentileza salva o mundo, mesmo quando não sabemos

Você que se medica em casa, quando tudo está sob controle, para não sobrecarregar os hospitais, salva o mundo sem saber.

Você que faz compras e busca remédios a gestantes e idosos, salva o mundo sem saber.

Você que leva o seu cachorro a passear, cuida dele, recolhe o que ele deixa pelo caminho, salva o mundo sem saber.

Você que ainda acredita no poder da fantasia, acha um intervalo para contar histórias para os seus filhos dormirem e arma um teatro de fantoches debaixo de uma mesa, salva o mundo sem saber.

Você que se importa em apagar a luz quando ninguém está no aposento ou em usar a água quando realmente é necessário, salva o mundo sem saber.

Você que não compra briga pelos erros dos outros, não quer processar ninguém por alguma falha humana, salva o mundo sem saber.

Você que desenvolve uma conversa sem ofender, não julga as pessoas pela sua ideologia ou pelo modo de vestir, salva o mundo sem saber.

Você que não se sente ofendido quando está ocupado e alguém telefona, salva o mundo sem saber.

Você que manda mensagem para os mais próximos enxergarem o quanto a lua está bonita, salva o mundo sem saber.

Você que ama e respeita a sua mulher, não interrompe na hora em que ela está falando, salva o mundo sem saber.

Você que elogia a simplicidade da vida doméstica, e repassa a comida que sobra adiante, salva o mundo sem saber.

Você que recicla garrafas em vasos e latas em porta-lápis, para decorar a casa, salva o mundo sem saber.

Você que perde tempo na internet para deixar comentários afáveis nas páginas de quem não conhece, salva o mundo sem saber.

A gentileza salva o mundo, principalmente quando não sabemos.

Fazer o certo traz paz de espírito.

10.

Quando você não aguenta mais ouvir a voz, é que o beijo já morreu antes

Amor é paciência. Quanto maior a disponibilidade, maior é o amor.

Se você não perdoa atrasos, atrapalhos e dúvidas, é que o coração secou. Tudo se converterá em motivo de enfrentamento, de sermão, de lição de moral. Não mais se comove com os embaraços. Não concede uma segunda chance para frases tortas e lapsos.

Quando estava apaixonado, jamais se sentia ofendido, procurava entender e perguntar quando havia algum ruído de comunicação. Desmanchava mágoas pelos beijos, e os beijos aumentavam a vontade de respirar próximo.

Os fatos não mudaram, o que mudou foi a sua percepção dos fatos. Os defeitos charmosos tornam-se graves problemas de conduta. Como ninguém se livra dos defeitos, as reincidências serão constantes e as crises, previsíveis.

Tanto faz o que o outro faça querendo agradar, nunca será suficiente. Tanto faz o que o outro cometa de engano, sempre será excessivo.

Sua régua de convivência quebrou.

Se não tolera nem escutar a voz do seu par, o que dirá da risada, do choro, do gemido? Confunde qualquer conversa com discussão, qualquer reclamação com difamação, qualquer ausência como proposital.

Não busca ser melhor para a sua companhia, mas provar que é melhor do que ela e que ela não faz jus à sua necessidade.

O desamor é passividade agressiva. A casa pega fogo e você não apaga o incêndio, apenas fecha a porta e troca de cômodo.

Está intoxicado de raiva. O ódio bloqueia os ouvidos. Não escuta nem mais o pedido de socorro. O fim da relação é, infelizmente, abandonar o seu antigo cúmplice dentro do quarto, em apuros.

11.

Não tem fila andando, está guardando um lugar à toa, a concorrência é uma fantasia para você aceitar qualquer migalha no amor

O que mais se nota por aí é amor trovoada. Céu relampeando no início do relacionamento, anunciando chuva e jamais desaguando as promessas.

As pessoas casam e enganam os seus parceiros se mantendo solteiras, com a mesma estrutura de contatos, de amigos, de fácil disponibilidade. Não mudam com o amor. Porque entendem o romance como privação de sua liberdade. Negam o convívio para proteger o seu egoísmo.

Criam uma realidade paralela de despejo, fomentando ciúme à toa, expondo cantadas e flertes de seus contatos pessoais para mostrar que são desejados com frequência fora da relação. Os ex, os ficantes, os casinhos continuam impunes na agenda do celular.

É uma tirania da individualidade baseada na ostentação da malandragem. Leia-se malandragem como estar sempre aberto às ofertas de infidelidade.

É, no fundo, impor uma constante e desagradável ameaça: "Estou com você enquanto não recebo proposta melhor".

Esvazia-se a responsabilidade da escolha, para viver num eterno pregão sentimental, com lances e arremates das redes sociais, comentários e *likes*.

Passam a imagem de que se o outro não quer do jeito que tem sido, há mais gente querendo. Não ocorre nenhuma natural e promissora evolução, reparação, adequação de vontades entre dois temperamentos.

Ou você come as migalhas ou sai. É uma aceitação forçada que mais se assemelha a resignação.

Trata-se de uma grande mentira que a fila de pretendentes anda. À porta de casa não tem ninguém esperando.

A miragem é criada pelas relações abusivas, para ter poder e regalias manipulando o medo de ser uma hora descartado.

Também é uma maneira de pavimentar uma via de mão única: só ganhar, não oferecer igual.

Daí surgem os tipos dragas da paixão, insensíveis e indiferentes, que nunca ficam satisfeitos com o que recebem.

Se um não está presente no namoro ou casamento, alguém está trabalhando dobrado.

Quem ama sinceramente perdoa por dois, sofre por dois, e gasta todas as suas forças para seguir com os laços e não sobra fôlego e tempo para se proteger.

As tempestades imaginárias não vão acontecer, servem para domesticar as suas vítimas a conservarem-se presas dentro de um convívio infeliz.

Caso elas não se comportem (ou seja, permaneçam caladas), acabarão sozinhas.

O que elas não percebem é que se encontram sozinhas desde o começo. A pior solidão é estar mal acompanhado.

12.

Não duvide da criatividade da culpa. As pessoas encontram as razões mais malucas para justificar os seus erros

De uma vez por todas, mulher não gosta de apanhar, não gosta de sofrer, não gosta de ser humilhada. Ela não pede um tapa, não quer um tapa, tapa não é pretendido nem dentro do sexo.

Que os trogloditas entendam que ela não tem uma queda por tipos assustadores, que não fica seduzida por selvagens e grossos, que não prefere os toscos e brutos, que não espera alguém que mande e dite as regras.

Isso não é o politicamente correto, é a verdade.

Ter pegada não é agarrar. Ter firmeza não é imobilizar. Apartar não é empurrar. Dar segurança não é oprimir.

Se ela viveu um relacionamento abusivo, não desejava tal experiência, não é masoquista para procurar o pior dos mundos sentimentais, foi ludibriada e enganada. Caiu na cilada de quem se mostrou muito diferente no início do romance, de quem mentiu respeito para agradar e encantar nos primeiros meses de convivência, até firmar o namoro, e depois impôs o seu ciúme, as suas acusações e a sua grosseria sistemáticos, que já existiam de longa data nas histórias pregressas e só não eram visíveis para os desconhecidos.

Nenhum homem começa o envolvimento gritando, ofendendo, maltratando. Se acontecesse, todas logo fugiriam e não apostariam a sua vida em cenário de visível perigo. Ninguém iria sonhar ter um filho com um sujeito truculento, para criar sozinha e viver sob constantes ameaças e brigas na Justiça.

A questão é que os pretendentes tóxicos têm uma aparência inofensiva e, às vezes, doce. Fingem ser o que não são: dedicados, amorosos e atentos na atração. A farsa costuma enganar perfeitamente qualquer um. A vítima não é a culpada. Não há como duvidar de que ele não é assim. Só o tempo desfaz as máscaras.

Não coloque esse despropósito na conta feminina, dizendo que ela escolheu errado e tem dedo podre. Não determine o comportamento dela como doentio, ansiando pela submissão, desenvolvendo a dependência com prazer, escravizando-se por livre e espontânea vontade, e assim isentando o autor de maus-tratos, aquele que é unicamente responsável e exerceu a dominação pela violência psicológica, física e emocional.

Não fale por ela, simplesmente pergunte.

13.

Voltar para um ex é como reler um livro: precisa ter gostado muito para não se importar em saber o final

Há duas décadas, quando alguém queria se separar, era para valer. Não tinha repescagem. A dissolução vinha de uma decisão madura e estudada. Quando os pertences não iam pela porta, voavam pela janela.

Hoje, o que mais testemunhamos são casais se separando e voltando e se separando, de tal modo que não dá nem para dizer que a ruptura é definitiva, ou que o retorno é para sempre. Nem o mais leal amigo é capaz de declarar o status atual do par, se está ou não está junto.

Lembram crianças brincando de montar e de desmontar casinha, transformando o casamento em indeciso e volúvel namoro.

Por qualquer desavença já dão um ultimato. Não toleram o mal-estar das discordâncias. Ninguém mais dorme no sofá, é posto logo na rua para regressar futuramente com mais calma. Termina-se a relação sem ao menos discutir. Termina-se a relação para daí pensar e avaliar o que aconteceu. Termina-se a relação futilmente.

Coitados dos cabides, que precisam suportar o vaivém interminável das roupas. Coitadas das malas, que têm o zíper descarrilado pela raiva.

O amor está a cada dia mais parecido com um aeroporto. As despedidas e reconciliações acontecem na mesma semana, quando não no mesmo dia. Banalizou-se o uso do fim para conseguir mudanças.

Não existe mais estabilidade para brigar. Não existe mais margem para se opor. Não existe mais serenidade para dormir e decidir depois com a cabeça fria.

Para um romance acabar de vez atualmente, experimenta-se, no mínimo, o desgaste de três separações antes. Há um longo histórico de despejos e reintegrações de posse.

Marido e esposa abusam da chantagem da distância, enfraquecendo os laços, criando desnecessários desgastes familiares, armando escândalos para os vizinhos, manchando reputações com humilhações e constrangimentos, ensaiando ofensas e partilhas.

Até ambos realmente ficarem cansados de partir. Até o amor perder o lustro da confiança.

14.

Um amor errado nos envelhece, um amor certo nos rejuvenesce

Terei muita dificuldade para envelhecer contigo, minha esposa. Sei que temos o sonho de andar de mãos dadas, velhinhos, troteando as calçadas apertadas de nossa rua. Não sei se conseguiremos por uma limitação de nossos sentimentos. Peço desculpa pela desilusão.

Cada dia a seu lado eu remoço, apresento mais vontade, mais disposição, mais ânimo, mais garra. Termino indo para a direção inversa do tempo.

Minha pele brilha, meus olhos brilham, adrenalina e aventura de gostar de quem me gosta.

Os ponteiros caminham ao contrário em nosso amor. Estranhamente rejuvenesço. Com mais gana de seu corpo, de beijar a sua pele e de ser beijado pela sua pele, com mais leveza de acordar, com mais relutância em dormir. Os dias por serem iguais não enjoam, aumentam a intensidade da observação e do desejo.

Ganho juventude, não experiência, recuando na idade mental, sem medo, sem censuras, sem reservas, querendo ser tudo o que ainda posso ser, "desaniversariando" progressivamente.

Não amadureci e não duvido que venho regredindo ao longo de nossa relação. Só fui feliz assim quando pequeno, quando não precisava me explicar.

No final de nossas vidas, acho que (sim) estaremos juntos, mas crianças correndo, disputando quem chega primeiro na esquina.

15.
A dor modifica as pessoas

Não temos noção do que seremos depois de tudo. A dor nos modifica. A dor é um limite. A dor é uma fronteira. Quem passa por ela, perde um jeito de sorrir livremente. A boca não mostra todos os dentes.

Ninguém fica igual, por exemplo, depois de uma separação. Tudo o que você sofreu o prepara a sofrer menos.

Casais voltam após um período longe e não são mais os mesmos. São desconhecidos com igual rosto. Terão que se apresentar novamente. Terão que se descobrir novamente. Terão que suportar a estranheza entre eles.

Há um desencanto a ser criado como um filho. Dar de comer ao desencanto, inspirar o desencanto a andar, pôr o desencanto a dormir, cantar ao desencanto, esperar o desencanto crescer e ir embora.

A dor encerra um modo leve de viver, automático, espontâneo. De pensar e falar ao mesmo tempo.

Agora entre pensar e falar, existe a obrigação de fazer sala para lembranças tristes e inexplicáveis, buscando decifrar esse mistério de estar num corpo e não ser definitivamente daquele corpo.

Os silêncios ocuparão mais espaço. Estaremos cientes do quanto a intimidade é frágil, do quanto a vida escapa, do quanto quebramos por uma gripe, do quanto magoamos quem deveríamos zelar, do quanto não há controle sobre o que sentimos, muito menos sobre o que o outro sente por nós.

Ninguém volta igual após enterrar uma mãe, um pai, um irmão. Com o caixão, desce também o orgulho, a inocência, a infância de ser para sempre.

Você não vive mais por você, mas para homenagear alguém.

16.

Toda escolha depende da capacidade de suportar perdas

Em grandes tragédias epidêmicas somos miniaturas. Reduzimos o nosso tamanho à condição de formigas. Os móveis da casa são monumentos, os tapetes são latifúndios improdutivos, os sapatos são embarcações encalhadas.

Há o pavor de ser esmagado, de ser liquidado, de ser desintegrado imediatamente.

A vulnerabilidade emocional nos incita a enxergar distorcido, tudo mais imenso do que verdadeiramente é.

O olhar vai se apequenando, do geral para o mínimo, como se estivéssemos capturando a rotina por um microscópio. Antes éramos tributários das paisagens maiúsculas, víamos prédios, praças e ruas, de repente nos detemos às ameaças minúsculas, invisíveis.

Já reparamos nos interruptores, nas maçanetas, nas máquinas de cartão de crédito, nos controles remotos, nas cédulas, nas torneiras. Entramos para um laboratório do existir, examinando lâminas e impressões.

Rumamos, resolutos, para dentro de nossa pele, para o essencial, para a subsistência, para preservar as antenas e as patas.

Não resistiremos acumulando opções. Não escaparemos sem nos despedir das maiores alegrias. É pela renúncia que sobreviveremos.

As formigas podem ser invencíveis.

17.

Para ter longevidade, os afetos emprestam parte de suas vidas

Não há como viver sozinho, unicamente usando a própria vida. A longevidade vem da soma da nossa vida mais as vidas de quem nos amou.

Não se chega aos oitenta, aos noventa anos, sem pedir o tempo emprestado a alguém.

A velhice é um banco de horas da ternura.

Quando você estava prestes a desistir, uma pessoa transferiu o seu ânimo para que continuasse. Confiou o que tinha de mais valioso na forma de um conselho para que não entregasse os pontos.

Não morremos antes porque algum conhecido não deixou, não permitiu, bloqueou a passagem, protegeu a nossa respiração.

De quantas tristezas já saímos ilesos, de quantas separações já nos recuperamos intactos, quantas crises suportamos impunes?

O perigo nunca diminuiu, os anjos de nossa rotina é que intensificaram os seus voos, clareando a nossa confusão, varrendo as sombras com as suas asas.

Você seguiu por mais um ano em nome de um incentivo pontual. Assumiu as palavras do outro como se fossem suas, a coragem do outro como se fosse sua, a determinação do outro como se fosse sua.

Quantas vezes foi salvo sem perceber? Quem lhe resgatou cedeu os próprios meses, rasgou parte do calendário para prolongar a sua sobrevivência.

Aquela frase "eu lhe devo a minha vida" é de uma profunda sabedoria. Devemos a vida para muita gente.

Nem sempre caminhamos com as nossas pernas, em alguns trechos do caminho fomos carregados no colo.

Não duraríamos tanto pelo nosso juízo. Recebemos sobrevidas em diferentes fases de nossa trajetória.

Por nós, teríamos ficado pela metade de nossas aspirações e sonhos. Os abraços foram empurrões para frente, as mãos dadas nos seguraram na beira do precipício.

Meus pais não teriam ultrapassado as suas oito décadas sem a presença constante de seus colegas de infância. Devolveram a eles o sentido da permanência quando já duvidavam de si.

De nossa biografia, podemos debitar uma década a mais, folgadamente, na conta dos grandes amigos.

18.

Atendi ao pedido dos pais de não conversar com estranhos, e deixei de me escutar

Cometemos o equívoco de achar a estranheza ruim. A estranheza é fascinante.

Não deveríamos temer o comportamento de nossa companhia quando está diferente. Mas agradecer que ela vem se transformando pela vida, vem assumindo novas tonalidades, vem sendo impactada pelas experiências.

É a prova de que a pessoa não é fria e indiferente, não é blindada e insensível.

Assustador seria nunca mudar, permanecer com a mesma opinião desde o início da relação.

"Você anda estranho" costuma ser visto como uma exclamação de perigo, quando é a promissora possibilidade de conhecer mais um pouco a quem amamos. Se está estranho, significa que você não sabe tudo do outro, que ainda há mistério, que pode aprender mais, que a intimidade não foi esgotada. É uma oportunidade de crescimento, jamais evidência do fim.

Não caberia desconfiar, e sim confiar mais. Só quem altera o seu temperamento amadurece.

Assim como é importante que, no cotidiano a dois, possamos ter cara amarrada. Abrir espaço para a tristeza corresponde ao pleno exercício da honestidade, contar com a chance de sempre expressar o que sentimos, sem adiamentos.

19.
Há jovens que já são veteranos da morte

As estruturas familiares precisam ser mais fortes do que as redes sociais. É o contraveneno para não perder os nossos jovens pelo suicídio.

É fundamental que os *likes* e os comentários dentro de casa sejam mais contundentes e numerosos que nas páginas pessoais.

Estaremos, dessa forma, combatendo as aparências dos avatares, aquela vida perfeita e ilusória que só aumenta o sofrimento, por contraste, de quem se sente excluído.

Ou alguém duvida que a angústia não vem aumentando na web, onde o mundo inteiro é feliz, sarado, influente e de cotidiano fácil e farto? É *stalkear* algumas horas para se descobrir fracassado. Qualquer um sente que sua biografia não presta, que a sua individualidade não vale nada, que os seus problemas são exceções diante da harmonia coletiva.

A geração influenciada pela internet apenas poderá ser salva pelos elos familiares, possibilitando a eles enxergar a realidade como ela é, a partir da verdade, com suas limitações e defeitos, relativizando as falsas e fabricadas ostentações.

Temos a obrigação de mostrar as nossas dores e dúvidas para que os filhos não pensem que somos também super-heróis.

O repertório de *good news* do Instagram e do Facebook é mais perigoso do que as *fake news*.

Antes, era difícil sobreviver à infância, pela precariedade da prevenção e qualidade dos partos. Hoje, superior à velhice, o mais difícil é superar a adolescência, quando a carência e a necessidade de afirmação não batem à porta, escancaram a porta com perigosas precipitações.

O adolescente tem mais risco de morrer do que o velho. É uma estatística, não uma opinião.

Pois ele conta unicamente com a família para ajudar a digerir as altas expectativas da escolha profissional, as mutações do corpo, o *bullying*, a aceitação sexual, a escolha dos amigos. Não é pouca coisa para suportar.

A família não pode se tornar mais um lugar de passagem, um lar-dormitório. Urge assumir a sua condição de retaguarda moral e emocional.

Que os pais diminuam o ritmo de trabalho, que os avós sejam chamados para um convívio mais estreito, que as madrastas e os padrastos não tenham um papel decorativo, que os irmãos sejam postos a par de tudo, como agentes infiltrados na escola e na rua.

As conversas devem alcançar uma constância para que ocorram as confissões, os medos, as fraquezas. Regularidade significa quantidade. Estabelecer uma rotina de falar muito para que o adolescente encontre liberdade de opinar e comparar. Não é meia horinha de cumprimento à noite que dá para entrar de sola num assunto sério.

Que sejam reinaugurados o almoço e o jantar dentro de casa, com as pessoas se servindo e se observando. Com direito a sobremesa e cafezinho. Sem essa de comer depois, sem essa de se trancar no quarto.

Melhor diminuir os salários e se adaptar a deixar sua criança definhar dentro de si, com toda pressão externa.

Os espaços de coexistência exigem uma nostálgica ampliação. Ninguém diz o que incomoda em particular, mas dentro do manancial de longa presença, num comentário fortuito em brincadeira, sem grandes pretensões de lição de moral.

Avisem aos seus filhos que eles não estão sozinhos, que as publicações não são bem assim, que o medo passa e o afeto fica.

20.

Mantenha a árvore cheia, para que o ninho nunca fique vazio

Uma das lições mais ásperas e ingratas da paternidade e da maternidade é não amar o filho mais do que a si mesmo.

Deve-se lutar contra o excesso de amor, para que ele não sufoque e passe dos limites, para que não induza a um engano da sobreposição de sentimentos.

Porque é natural, sendo pai e mãe, colocar o filho acima das vontades e deixar-se por último, para atender primeiro àquele que depende de proteção.

Só que exclusividade não é cuidado, é anulação da personalidade. A fórmula não tem como funcionar, apesar das sinceras e boas intenções. Depois que se vive pelo outro, não há mais como saber viver sozinho.

O ninho fica em cima de uma árvore, portanto a prioridade é a árvore. Perigoso um tronco que não se sustenta: quebradiço, fraco, de raízes rasas.

Os pais necessitam de conteúdo emocional independente, de ocupações e desejos além da sua descendência, para não tomar os sonhos emprestados. Que tenham os seus problemas, as suas preocupações, as suas dúvidas, os seus objetivos, a sua privacidade, as suas neuroses, as suas soluções.

Quando colocam na cabeça que são capazes de fazer qualquer coisa pelos filhos, estão agindo de modo errado por motivos nobres. Indicam que a realidade deles não tem valor algum. Acabam, sem querer, inspirando o filho a não se valorizar. Os efeitos colaterais do zelo excessivo (e da consequente falta de estima) é infantilizá-lo para sempre. Mesmo adulto, ele é enxergado como uma criança indefesa e inadequada para os desafios da responsabilidade. O rebento não evolui emocionalmente. Adoece para o convívio, sem obter a contrapartida da sabedoria e os anticorpos das desilusões.

Viver para os filhos já é preocupante. Viver pelos filhos é completamente assustador. Pois não existe discrepância entre o que é externo e interno, entre a prevenção e a fobia. Tudo é sentido embaralhado, como se fosse na própria carne.

Os conselhos ficam intoxicados pelo medo de que algo de ruim aconteça, e nem os pais e nem os filhos têm tranquilidade para cumprir as suas individualidades.

A herança que se pode passar adiante é amar o filho tanto quanto a si mesmo.

21.

Quando não soluciono meus problemas, eu me afasto deles até me fortalecer para enfrentá-los

Uma das salvações de nossa vida é o meio-termo. Abandonar a lógica extremista e passional: certo e errado, bom e ruim. O raciocínio dual somente nos leva para a culpa e a frustração. Além de nos impor uma predisposição pessimista, de demonizar os resultados.

Não devemos sofrer se as coisas não funcionam como desejávamos. Ou nos atolar em tristeza e ressentimento, empacando o crescimento, não saindo do lugar enquanto impasses e dilemas estão abertos com quem gostamos.

Há relacionamentos que apenas o futuro pode ajustar. Não adianta forçar a barra. Se estamos prontos para dizer algo, de repente o outro lado ainda não está pronto para ouvir. Não dá para entrar pelo entendimento derrubando a porta.

Cabe a nós o papel de relativizar. Aceitar que nem tudo é para agora, que nem toda a solução é imediata. Nem por isso temos que cortar os laços. Podemos nos afastar temporariamente, ou proteger o contato de modo amistoso e respeitoso a distância. Não será como era, de profundidade e consenso, mas ainda se preservará o acesso para a conversa e a simpatia. Sustentar a disponibilidade proporciona, inclusive, chances para ser surpreendido positivamente.

A desgraça é o maniqueísmo: ou o ódio ou o amor, ou está junto ou não vale nada.

É natural que um melhor amigo deixe de ser tão amigo por um período, o que não significa que deve destratá-lo por não alcançar a mesma cumplicidade de antes. Ele será um colega querido, com um passado em comum. Apesar de não apresentar igual intensidade de companheirismo, continua sendo importante para o nosso bem-estar. Produz uma incomparável leveza evitar o castigo, a lavação de roupa suja, a repreensão, a vingança.

Assim como acontece de se afastar um pouco de um filho ou de um pai ou de uma mãe ou de um irmão, para enxergar a situação com mais distanciamento e entender o que vem gerando brigas e discussões. Solidão não é prejudicial à saúde. O essencial é não romper a ligação. Falar menos, porém permanecer falando.

Admitindo realidades parciais, não arcaremos com os danos das idealizações e projeções. Não se tem o que gostaria, porém seguimos desfrutando o básico até melhorar o contexto. Não se entra em falência emocional, em estresse, em esgotamento intelectual.

A devastação e o extermínio do nosso círculo de confidentes contentam unicamente o orgulho ferido. Já a cordialidade oferece tempo para não cometermos enganos irreparáveis.

Não precisamos transformar rapidamente os afetos em desafetos. É se contentar com o que o próximo pode oferecer no momento. Nem inimigo mortal, nem amigo demais. Representará um capítulo de nossa preciosa história com alguém, jamais o final da novela.

22.

Podemos voltar no tempo, desde que o tempo permaneça vivo dentro da gente

A memória é capaz de emergir a partir de uma canção, de um perfume, de um gosto. Seremos, insistentemente, surpreendidos por aquilo que já vivemos.

Podemos inclusive modificar o passado alterando a ordem de nossas prioridades inesquecíveis, sobrepondo sensações, acrescentando personagens, adicionando detalhes antes ignorados.

O pai da Beatriz, meu sogro, permanece em estado grave no CTI depois de complicações cardíacas.

Beatriz e seu pai, quando ainda estava consciente, mantiveram poucas conversas legíveis. Mais se observavam e trocavam sinais e acenos entre tubos e aparelhos.

O amor sempre tem a persistência de achar uma infiltração para chegar ao outro lado, apesar da debilidade da saúde, seja piscando os olhos, seja segurando a mão com força.

O momento mais marcante dos encontros veio pela música.

A música engana os médicos. A música dribla os laudos. A música é onde guardamos as lembranças. A música jamais fica doente. A música sobrevoa a impossibilidade da boca com a melodia.

Enfraquecido, ele soprava uma canção autoral, uma canção de embalar que ambos conheciam desde o mais remoto colo:

"Tira a poeira e me deixa apanhar uma goiaba./ Tira a poeira, deixa a poeira no chão,/ tira a poeira, deixa a poeira na capoeira do meu sertão."

Beatriz não lembra se ele cantou de verdade ou ela decifrou o que cantava e continuou o resto da letra. Isso é um detalhe. Porque a voz dele estava dentro dela, a voz dela estava dentro dele – eles se amavam muito além do que qualquer um conseguiria captar na hora.

Ele dava um recado, ela demonstrava que entendia. Caminhavam pela comunicação secreta do sangue.

O quarto, incrivelmente, passou a cheirar à doçura das goiabas.

23.

Mude devagar, aos poucos, com consistência. Toda transformação radical só traz recaídas

Você tem todo o tempo para conversar com os amigos, mas não fala.

Você tem todo o tempo para remendar a sua linhagem de afeições, mas não se mexe.

Você tem todo o tempo para organizar aquela bagunça em sua casa (trocar as lâmpadas, limpar as gavetas, consertar as cadeiras mancas), mas não vê significado.

Você tem todo o tempo para ler os livros que queria ler, mas não passa do prefácio.

Você tem todo o tempo para resgatar os filmes que gostaria de ter assistido quando estava em cartaz no cinema, mas não sabe nem escolher por qual começar.

Você tem todo o tempo para reparar os erros que cometeu, mas já não acha tão grave assim.

Você tem todo o tempo para recuperar o sono, mas continua acordando de madrugada.

Você tem todo o tempo para amar, mas se isola em seu canto.

Você tem todo o tempo para se dedicar aos projetos pessoais, mas não sai do sofá.

Não havia prazos, não havia horários fixos, não havia desculpas.

Adiava a vida simplesmente porque não era a vida que desejava.

As transformações pessoais não acontecem milagrosamente, por mais que se deseje cumprir uma resolução de um dia para o outro.

O que realmente nos modifica é sermos capazes da metamorfose em segredo, sem placa de reconhecimento. Aguentar o tempo que ninguém notará qualquer diferença, seguir com a solidão do esforço, na ausência de estímulos externos.

O mais difícil é fazer não sendo visto. Não haverá empatia da família para ajudar, todos seguirão esnobando com os seus prazeres e excessos.

O engajamento é sempre individual. Não adianta exigir companhia, álibis e parcerias para manter uma decisão.

Mudar significa enfrentar o mundo e suas engrenagens automáticas. Romper, passo a passo, com um padrão de convivência.

O ponto de partida será impraticável quando só enxergarmos o ponto de chegada.

A sutil mudança, quando levada a sério, desperta impactantes mudanças.

Aquele que sequer se exercitava em caminhadas, ao vencer a primeira e angustiante fase de adaptação, onde não há incentivo, encontrará confiança para correr.

Suportou o desgosto da discrição para alcançar o amor-próprio, que não depende da opinião alheia. Deixa de buscar corresponder às expectativas para se desafiar. Sem perceber, estará participando de meia maratona, atravessando 21 km impensáveis.

Daí descobre que tem potencial para exigir do fôlego o que julgava impossível, e se inscreverá em maratonas, com o dobro do percurso. Nunca mais vai parar. Primeiro, achava que não dava conta do espaço, agora já se preocupa em diminuir o tempo das provas.

O corpo se molda às intenções da alma, jamais o inverso. Estar feliz consigo mesmo, independente da aparência, é a única liberdade que podemos desfrutar nesta vida.

24.

Felizes são os que transformam os irmãos em amigos e os amigos em irmãos

Éramos inseparáveis: Rodrigo, eu e Miguel, uma escadinha com diferença de dois anos (Carla, a mais velha, tinha o próprio quarto, já queria namorar e nos cuidava a distância, evitando que soubéssemos demais de sua vida, mas sempre preocupada em estar por perto).

Onde um dos meninos ia, o outro seguia para ver se não estava perdendo nada. Dividíamos a fama das molecagens e as sentenças dos castigos. Um por todos, todos por um.

Gritávamos o lema dos três mosqueteiros eu e meus três irmãos na hora da brincadeira. Com as vassouras tocando a ponta de seus cabos. No pátio e pela infância afora.

Enfrentávamos as turmas do bairro, apanhávamos juntos, nos escondíamos em árvores juntos. Não voltávamos para casa com um irmão a menos. Todos ou nada. Não deixávamos ninguém para trás, nas mãos de nossos adversários da rua Lavras.

Eu estava conectado a eles por uma promessa, não significava mera citação de um livro que gostávamos de Alexandre Dumas, mas uma cumplicidade inquebrantável. Quem mexia com um, mexia com o grupo. Os pais nos cuidavam apenas no lar, já na rua dispensávamos a vigilância e aprendíamos, sozinhos, a nos precaver dos sobressaltos.

Dormíamos num só quarto, em beliches. Jamais encontramos um interruptor para apagar as nossas vozes.

Íamos de mãos dadas para a escola. Eu vestia as roupas do Rodrigo e o Miguel herdava as minhas roupas. Não havia rasgão que não pudesse ser costurado.

Depois que terminava o ano letivo, guardava-se o livro para ser reutilizado por quem cursava a série anterior. Partilhávamos as gavetas, o abajur e as quimeras. Um por todos, todos por um.

Não reclamávamos da ausência de mesada, da falta de presentes. Criávamos os nossos brinquedos de sucatas do porão.

Não podíamos deixar comida no prato, senão ficávamos de castigo. Raspávamos o dia até o último minuto, até sermos obrigados a desistir de protestar.

Na infância, os meus amigos imaginários foram os meus irmãos.

Para evitar atos falhos na minha contação de histórias, eu cultivo a formalidade de consultá-los para me certificar se aquilo que vivi na infância aconteceu ou não. Se eles não estavam comigo, certamente inventei.

A ternura indomável dos tempos de guri retornou para desafiar a morte na epidemia. Nunca nos falamos tanto. Ou o vírus leva todos ou nenhum.

25.

Não há autoconhecimento que não tenha altos e baixos, crise e euforia. A estabilidade é para quem se mantém na superfície

Não existe pessoa fácil, pessoa estável, pessoa previsível, pessoa absolutamente normal, pessoa satisfeita, pessoa realizada.

Essa talvez seja a regra para não cair nas garras da inveja e do ciúme.

Quando encontro alguém excessivamente calmo, já desconfio do remédio que anda tomando.

Somos todos complicados. Somos encrencas.

Não vim com manual de explicações. Tive que escrevê-lo ao longo da vida.

Não despejo nos amigos e parentes as frustrações por não me entenderem rapidamente.

Alivio a barra de quem convive comigo e nem sempre decifra o meu comportamento ou concorda com as minhas decisões.

Já tiro também a culpa que o interlocutor possa contrair por não gostar de mim numa primeira impressão. Nem sempre gosto de um livro pela capa.

Não demonstro os sentimentos no momento certo. Quisera ser linear, porém me perco nas voltas do parafuso. Eu me adianto ou me atraso – o que gera embaraços sobre as minhas intenções.

Eu me embaraço quando estou muito feliz e posso ser grosseiro. Eu me embaraço quando estou muito triste e posso ser também grosseiro.

Eu me observo sadio como se estivesse doente. Depois relato os resultados da experiência. Melhor ser o meu bode expiatório do que sacrificar a esposa, os filhos, os pais. Condicionei-me a explicar como funciono e quando estrago.

Ao explodir de raiva, costumo me isolar. Sei do perigo do descontrole. Torno-me um animal selvagem. Eu me fecho numa jaula e engulo a chave. Preciso ler para mudar a minha frequência e me distrair em novas história. Devorei a maior parte de minha biblioteca para me conter e não machucar ninguém, nem a mim mesmo, com as palavras erradas.

26.

Reclamar só atrai os chatos

Quando todos estão em igual situação, não adianta reclamar. Não há mais a individualidade da reclamação. Ela perde a energia do convencimento e da compaixão.

Você reclama para se sentir diferente, para dizer que está sofrendo mais do que os outros, para sinalizar um peso exagerado nos ombros.

Na generalização de lamúrias com o isolamento, amaldiçoar é mais do mesmo, um ato absolutamente inofensivo.

Não entre na gincana das queixas, no concurso das perdas, para tentar algum privilégio, para chamar atenção, para se destacar como uma exceção mais grave no meio da tristeza, para obter preferência na fila das tragédias.

Com a chuva na cara, as lágrimas não serão reparadas.

Durante a infelicidade, olhe devagar para o impasse, separe o joio do trigo, estude a si.

A angústia só faz resumo apressado e distorcido de nossa vida.

27.

Há hora para navegar e hora para reparar o barco. Nem tudo é alto-mar

Não podemos desativar o alarme da intuição.

Costuma morrer quem se sente imbatível, quem confia na sorte, quem jamais se ausenta, apesar dos avisos da fatalidade.

Ter um pouco de medo é saúde.

Tão importante quanto trabalhar é descansar, tão importante quanto se divertir é serenar, tão importante quanto ser reconhecido é recolher-se.

Estar em incessante movimento traz avarias, gastura, peças quebradas.

Deve-se parar por um instante para conferir o estado de toda a emoção que foi fartamente empregada nos últimos meses. Parar para chorar. Parar para rir. Parar para ter saudade. Parar para restaurar os lapsos da pressa.

As paradas são estratégicas para nos poupar do esgotamento.

Acreditar que nada de ruim vai acontecer é o atalho das tragédias. A consciência da fragilidade nos protege.

Antes de cometer alguma loucura por capricho ou emendar noites por uma obsessão, eu penso em minha mãe me chamando, desesperada, nas margens da cena. É uma alucinação preventiva que preservo nas horas incertas. Volto por ela quando não volto por mim. Nunca quero que ela sofra.

28.

**O único jeito
de esquecer
uma lembrança
triste é criando
lembranças felizes**

Não é repetir a evocação até desbotar a fotografia, até rasurar a imagem, até ter raiva de ter sido tão idiota, até querer vingar-se, até desmoronar remoendo os pormenores da desilusão.

Não será parando o relógio que ganharemos mais tempo.

Perdoar é seguir vivendo, para distrair a obsessão com novos acontecimentos, permitindo que o arrebatamento venha, que o contentamento nos teste, que os prazeres tenham a sua chance de nos tirar do quarto.

Perdoar é antes agradecer o que ficou. Agradecer é não se reduzir ao sofrimento. É ser mais do que ele.

Quem perdoa renasce. Quem perdoa readquire o fermento do desconhecido. Quem perdoa não fica preso a inimizades e reabre as portas de sua sensibilidade.

Trauma é uma dor que não trabalha. Uma dor vadia. Uma dor imóvel. Uma dor que não encontrou nenhum sentido para ter acontecido.

29.

Maturidade é rir daquilo que você já acreditou um dia

Provávamos um cotidiano que valorizava os espalhafatosos, os narcisistas, os exibidos, com as vitrines das redes digitais bombando, com as passarelas da propaganda explodindo, com a ditadura do autoelogio mandando dançar, cantar, exibir a privacidade.

Ser foda e fodam-se os outros traduziam as convocações de guerra do império do individualismo.

O recolhimento resgatou a discrição e o charme dos tímidos e introvertidos.

A ostentação foi baqueada drasticamente, desprovida de pratos exóticos, de cenas maravilhosas, de praias e pontos turísticos.

Com as ruas vazias e os barulhos da natureza reconstituídos, renovou-se a vida presencial, a consciência de ser em segredo, não mais alimentando avatares por 24 horas.

Talvez os quarentões já estavam na vanguarda da confiança dessa nova civilização. Pioneiros no ato da reserva e da recusa.

Gostar da própria solidão é a manifestação mais clara de quem chegou aos quarenta anos. Não precisa mais sair de casa para ser feliz, não é mais dependente do alarido e da multidão para se ver acompanhado.

Gosta do silêncio e de não fazer nada de mais. Gosta do espaço vazio e da liberdade de não ter a agenda cheia.

Passa a filtrar os convites, a peneirar as festas, a abrir a porta ao indispensável.

Tem como princípio sexo com qualidade, não quantidade. Não está mais desesperado para transar toda noite, toda semana. Busca criar um clima para o clímax, acima de tudo. A boa música e a conversa inteligente são preliminares inadiáveis, antes de qualquer amasso.

Perdeu também a ganância de enriquecer, o olho de águia do sucesso, opta por ganhar menos e se incomodar menos.

Mudou a sua concepção de prosperidade: é tranquilidade.

Nem para tomar vinho acredita que depende de companhia. As quatro décadas revelam a satisfação de um cálice sentado na varanda, sem ninguém para apressar os goles. Finalmente está solto no seu mundo de pensamentos para degustar a safra e descobrir os taninos.

Sei que meus amigos sopraram as quarenta velinhas quando decidem debruçar-se à cerveja artesanal. Largam os botecos e a zona de desconforto da boemia pela produção caseira de sua bebida.

Alguns encontram tempo para maturar queijos, outros se aventuram a assar pães ou pizzas, com sacerdócio de mestres-cucas. Se antes reclamavam da submissão doméstica das mães e avós, que colocavam tortas a esfriar nas janelas, agora não acham nem um pouco inconveniente o hábito de cozinhar, ainda que seja para o seu consumo.

Aliás, é simbólico nesta faixa etária querer produzir a sua própria comida. A cozinha torna-se a parte mais importante da residência, com aquisição de fornos potentes e panelas inquebrantáveis.

O discernimento da meia-idade surge com o despojamento. Entende-se que perder a agitação é ganhar autoconhecimento. A experiência traz a clareza do que é bom e do que é ruim, de que não vale realizar coisa alguma na contrariedade, de que nada mais será feito para agradar o outro.

Gostar-se é o início de uma segunda biografia com a adrenalina da simplicidade.

30.

O amor é um filme de baixo orçamento. Não precisamos de muito para sermos felizes

23

O pouco, quando experimentado com sinceridade, transborda: o café da tarde demorado, com o pão quentinho sendo alisado pela manteiga, o perfume espalhado pela casa na saída do banho, o sabonete evaporando da pele como incenso. E também recostar-se no sofá a dois, com as meias se tocando, a soberania da intimidade que é ficar deitado enxergando a esposa antes de reunir forças para se levantar.

Guardo apreço inclusive pela ondulação do meu lado no colchão. Descobri há pouco o desnível. Beatriz acordou mais cedo e rolei para o seu território para nebulizar o seu cheiro. Estranhei: era liso e reto.

Não deitávamos no mesmo colchão. Rebaixei a ala com o meu peso, cavei uma trincheira do corpo.

Quando ela me procurava entre os lençóis, não reparava em sua disciplina para descer e subir a encosta. Transformei a cama em um quebra-molas.

Ri sozinho, admirado da afeição recebida, dos exercícios sigilosos de Beatriz em me abraçar, vendo o quanto ela se acostumou comigo a ponto de nunca reclamar do buraco.

Casal há muito tempo junto vai se moldando na espuma, como esculturas, como conchas, no oceano do sono.

Um colchão afundado é amor edificado.

31.

Paixão é o encontro de duas pressas. Amor é o encontro de duas paciências

Temos o vício de olhar para trás nos momentos de ruptura. Quando é tarde demais. Quando sentimos saudade e tentamos preencher a falta de alguém com as lembranças.

Eu me treinei a olhar para o nosso conjunto sempre, o que foi, o que está sendo e o que será, para honrar tudo o que já passamos juntos.

Seria uma completa arbitrariedade isolar a felicidade das circunstâncias atuais, desfalcar o contexto.

Eu me espanto o quanto sou feliz no conjunto da obra. E assim, reconhecendo nossos méritos em retrospectiva, constato que uma felicidade não diminui em relação a outra. Elas se completam e se compensam.

Foram inúmeras viagens, casas montadas, opiniões, gargalhadas, sonhos descritos, almoços, jantares, cinemas, teatros, shows, carnavais, festas, ressacas, colos, romances, vadiagens nos domingos, brincadeiras, telefonemas, cartõezinhos, lista de mercado com as duas letras, desabafos de trabalho, planilhas de orçamento, dinheiro economizado, a luz dos armários abertos, blecaute no quarto, sapatos sobrepostos na beira da cama, varais coloridos com as nossas roupas.

Tudo o que já experimentei com ela daria cinco reencarnações. Nem lembro mais como era a minha vida sem ela. Talvez fosse só esperança dela.

Quando estamos tristes, ainda somos felizes por nos repartir, e a melancolia soa distante, não nos atinge, música de fundo.

Só ela mesma tem a capacidade de tirar a dor de mim e deixar tocando na vitrola, como se não fosse minha.

Só ela mesma tem o dom de anular a minha ansiedade oferecendo todo o tempo do mundo.

Só ela mesma entende as minhas birutices e coreografias e ainda ri como se eu fosse engraçado.

Só ela mesma para me dar razão na raiva e esfriar o meu sangue com um longo abraço.

Antes de conhecê-la, seria capaz até de viver sem ela. Agora é tarde, não existe como suportar.

32.

Não conseguir ver é enxergar sempre

Quem teve que enterrar um parente ou amigo, a partir de março de 2020, não pôde enterrar.

É como se a morte não tivesse autorização para morrer.

Com o isolamento provocado pelo coronavírus, a maior privação é a proibição para se despedir de um amigo, a incapacidade de comparecer a um enterro.

Dói não completar o luto com os próprios olhos.

Dói não poder acenar a alguém com quem nunca mais se encontrará na vida.

Dói não poder sussurrar as últimas palavras.

Dói não poder agradecer a amizade.

Dói não poder estranhar aquele rosto magro e pálido na porta de vidro, o corpo encolhido do fim, absolutamente irreconhecível, e comentar que não é a mesma pessoa.

Dói não poder encomendar a alma no papel de seda do pranto.

Dói não poder bater palmas quando o caixão baixar à terra.

Dói não poder homenagear a saudade com o traje escuro.

Dói não poder lembrar de alguma história em particular, uma anedota, uma frase espirituosa, para ser dividida publicamente.

Dói não ter poder nenhum de determinar o adeus.

O vírus não vem roubando apenas a nossa presença, vem profanando valiosas e definitivas ausências.

Não existe desonra igualmente funda, remorso igualmente agudo como o de faltar ao velório de um ente querido e marcante.

Nem a morte é poupada da quarentena, nem ela recebe uma trégua, um salvo-conduto, uma licença para ir e vir.

O contágio deveria pausar – congelando o vento da devastação por um momento – para que cada perda mereça um desfecho digno, uma saída barulhenta e concorrida capaz de rivalizar com os gritos de nascimento no parto.

Mas os enterros estão cada vez mais desertos, as ruas dos cemitérios cada vez mais cinzentas.

Sobram coroas de flores, escasseiam testemunhas para arremessar pétalas à sepultura.

Não há fila indiana seguindo os féretros. Não há procissão para extravasar o quanto o defunto fora amado, o quanto é insubstituível, o quanto foi determinante e influente nas escolhas dos presentes. Não há capela cheia para rezar de mãos dadas. Não há como dar os pêsames aos familiares desesperados pela lacuna inexplicável.

O coveiro está sozinho tanto quanto o morto.

A gaveta será preenchida com o cimento da colher, longe de nossa respiração atenta e plangente.

Não contaremos com nenhuma possibilidade depois de lembrar. Imaginaremos recordações. Os mortos não morrem, desaparecem.

33.

O amor é frágil, feito só para os fortes

A morte não é para amadores. A morte não pede para você guardar os óculos antes de bater em sua cara. A morte não se intimida se é idoso ou uma criança. A morte é implacável e não espera que você prepare um discurso de adeus – os outros terão que se virar com as palavras ditas e as lembranças esparsas. A morte dói duas vezes: para quem parte sem saber e para quem fica sem compreender o sumiço. A morte desidrata a alma. A morte não lhe poupa das piores notícias, diz de uma vez, grosseira. A morte vai de repente tirando quem você mais gosta e você deve se virar com o luto. A morte não respeita Dia dos Pais ou das Mães e leva o seu pai e sua mãe no meio da comemoração.

A morte não poupa sequer o aniversário de alguém. Não aguarda que soprem as velas, que vire o pêndulo da meia-noite, que se abram os presentes. Ela não ama ninguém para dar desconto, perdoar atrasos.

A morte tem inveja da vida. Parece que ela nos obriga a ser felizes sem pensar muito no futuro, sem se demorar para responder os afetos, sem adiar os sonhos. A morte grita em nossos ouvidos: faça agora antes que seja tarde.

34.

A avó dizia: para ser feliz, a gente não precisa sair do lugar, a gente tem que ser o lugar

Minha avó jamais entrou em um avião. Nunca tirou passaporte. Não pisou fora do Rio Grande do Sul. O que ela tinha em mente era trabalhar para adquirir uma casa própria. Passava a sua história pagando as suadas prestações silenciosamente a cada dia 10 do mês. O pouquíssimo que sobrava depositava na poupança.

Ela só pretendia deixar uma herança, que ninguém mais da família enfrentasse a penúria da falta de patrimônio que ela amargou.

Prospectava o futuro de seus filhos mais do que desfrutava as regalias momentâneas. Existia como rascunho de rio – avistando a queda da correnteza adiante.

Não comprava roupas, não consumia mais do que o essencial. Dispunha de um vestido para sair, um vestuário doméstico e um avental – uma gaveta preenchia a história de seu corpo.

Economizava até cascas de ovos, reaproveitava panos e madeira, mantinha a sua horta, o seu galinheiro e produzia a sua geleia e doces. Cética com a imprevisibilidade do cenário político, cultivava porões e despensas.

Andava restrita em sua aldeia, entre o açougue, a padaria, a agência bancária e os Correios, a sapataria, a costureira e o mercadinho. Seu universo tinha o tamanho de seis quarteirões.

Era um modelo de vida que soava como pré-histórico para os seus bisnetos, que viajam desde cedo, que têm inglês como segunda língua, que estão acostumados a dividir quartos em *hostels* e programas de intercâmbio, que desconhecem fronteiras na globalização dos prestadores de serviço.

Depois do marco da epidemia, não sei em qual mundo viveremos: o dos avós ou dos netos? Cairemos para qual lado no cabo de força das gerações?

Estaremos espremidos entre duas épocas antagônicas. Guardar ou gastar? Recolher-se ou seguir fazendo as malas?

Os adolescentes não sofrerão um baque em seus ideais e prioridades?

Eles que se caracterizam pelo desapego, conservam-se solteiros até os trinta anos, não cogitam relacionamentos longos, muito menos bebês no colo, emendam graduação com pós-graduação, não largam a casa dos pais para não arcar com despesas, trabalham meio período para juntar recursos e partir com a mochila nas costas, preocupados em ter experiência, em aproveitar o momento, indiferentes às consequências do destino.

Será que voltarão a querer ter seu próprio espaço desde cedo, como era o costume antes, a trocar o valor das amizades amorosas pelo casamento, a dedicar-se a formar uma família? Vão levar a sério o medo do inesperado e montar uma reserva para outros possíveis confinamentos, para se precaver da realidade suspensa? Ou seguirão o seu despojamento com a eternidade, como se nada de grave tivesse acontecido entre nós? Escolherão profissões mais duradouras, estáveis, rentáveis, não mais atendendo às suas inclinações vocacionais?

O pânico coletivo sempre traz uma alta carga de conservadorismo e um zelo com a genealogia.

Minha avó não adotou o estilo espartano e econômico por um desejo pessoal, sobreviveu aos colapsos de duas guerras mundiais, não tendo certeza se estaria presente no dia seguinte.

Inventava uma longevidade pelo fantasma da brevidade. Combatia a instabilidade externa pela contenção interior. Foi o fruto de suas circunstâncias, acomodando-se entre a escassez e a esperança.

Ela se despedia a cada manhã e foi assim durante sessenta anos.

35.

Se a alma pudesse ser vista no espelho, teria gente que não sairia mais de casa

O confinamento é estar com a família a toda hora.

Não há como o marido se diferenciar da esposa, os filhos dos pais, não há respiro do exercício de uma profissão, e da alteridade com os amigos, de frequentar contrastantes tribos e situações, de não ser contaminado pelo espelho.

Identifica-se uma simbiose de frustrações e privações. Você não tem como abandonar o que não gosta do outro e, principalmente, o que não gosta de si refletido no outro.

Quando o provisório se transforma em indefinido, quando o prazo de voltar à normalidade fica nebuloso, esgota-se a paciência.

Porque não é apenas um confinamento geográfico, mas temporal. Significa estar parado no mesmo lugar e também no mesmo tempo. São duas imobilidades combinadas.

É uma supressão mais atordoante que a de um condenado por um crime – o prisioneiro está tolhido de espaço, mas tem noção do limite de sua pena e os dias passam para reduzi-la.

Você até aguentava porque logo iria acabar, havia um vencimento da sanidade. A partir da seriedade da postergação do isolamento, já não tem mais como fingir bons modos e assume uma postura camicase de enfrentamento para se livrar da repetição.

Não há como arejar ideias fixas e combater projeções, não há como oxigenar assuntos e interromper enfrentamentos, a sua personalidade se sujeita a múltiplas e sucessivas descargas elétricas de censuras e reclamações.

Posicionamentos políticos contrários, avaliações comportamentais apressadas, caricaturas de atitudes culminam com o mal-estar.

Exige-se uma estrutura psicológica forte para resistir a ambiente claustrofóbico de observação. Ninguém é esquecido, ninguém é deixado em paz, ninguém pode ficar sozinho. Estão todos no campo de visão, como alvos da carência e da neurose.

As preocupações reprimidas dentro de cada um escoam no confronto: contas para pagar, salário não entrando, escolas fechadas, ausência de perspectiva de sustento.

Família é escutar o que não se precisa. Mas só ouvindo o que não se quer é que podemos, pela primeira vez, pensar diferente.

É no inferno que o fogo para de queimar. Desmontadas as formalidades, as conversas difíceis acontecem sempre, multiplicando as oportunidades de desarmar a aversão e remediar indisposições.

O desespero proporciona uma estranha esperança: todos são iguais. Nem mais, nem menos: cúmplices das perdas, unidos nos defeitos.

36.
A gratidão não faz dívidas

Mães sem babás e empregadas cuidando pela primeira vez de seus filhos pequenos, pais separados de seus filhos pela suspensão da guarda partilhada, casais que mal se cumprimentavam experimentando a onipresença, netos afastados dos avós, namorados enfrentando o dilema de atravessar a quarentena morando precocemente juntos ou desafiar a saudade, médicos e enfermeiros em situações de risco, apartados de seus endereços.

Seria injusto classificar de harmonia os arranjos intempestivos. São esconderijos evidenciando uma quebra da estrutura familiar. A noção de unidade é falsa: não estamos em casa com a família, mas com algumas peças dela, de um quebra-cabeça impossível de ser completado. É um estar não estando, é um ser não sendo, é uma epopeia da ausência, de se ver quase salvo (se não fosse o parente que se encontra em outro lugar, longe da nossa proteção). O que ocasiona ter que lidar com alegrias parciais e tristezas eventuais.

Há também uma inversão do que levávamos como o nosso reconhecimento e patrimônio. Você não é mais o que faz, mas como sobrevive. Existe para os mais próximos, não mais para a sociedade. É uma solidão social mais do que uma solidão individual.

Não se é engenheiro, arquiteto, advogado, economista dentro de casa. Os títulos ficam pelas paredes. Se você não tem como exercer a sua profissão, restaram os papéis tutelares.

Pessoas foram obrigadas a partir do zero, reaprendendo a viver entre os laços de sangue, incultas na intimidade.

As funções de pai e mãe, de esposa e de marido serão redescobertas, como se, de repente, a maior parte da população perdesse o emprego e incorporasse a atuação exclusiva de donos de lar, numa dimensão absolutamente inédita, de ser avaliado por aquilo que é capaz de doar de testemunho, cuidado e paciência, sem nenhum dividendo.

Num período de jugo consumista, não deixa de ser uma ironia a imersão espiritual.

37.

Não existe ternura retroativa

Com a suspensão do calendário esportivo e dos programas ao vivo, por alguns meses, os telespectadores extraviaram a linha cronológica de duração de suas vidas.

Não havia mais marcadores externos do tempo, bússolas do presente, índices da ampulheta escoando.

Não havia mais a hora do futebol, a hora da novela, a sensação de participar e intervir no espetáculo do instante. A família não podia bater o seu cartão-ponto de lazer.

Sem noite e sem dia na televisão, cabia acompanhar reprises como se elas estivessem novamente transformando hábitos e não fossem produtos de uma época, de uma fase, de um sucesso circunscrito.

Em canal aberto, assistia-se à final do campeonato mundial de 2002, em que o Brasil venceu a Alemanha, comemorando o triunfo e os gols com uma histeria falsa, fingida.

Com a intenção de preencher a pausa vivencial pela nostalgia, aproveitando-se da unanimidade da vitória e de fórmulas consagradas, isso normalizou a distopia da programação, remetendo a um transplante de fatos, a uma adulteração da memória, coagindo o observador a revisar os seus detalhes biográficos da época da decisão.

Num sorvo visual de noventa minutos, ele teve que digerir dezoito anos de sua existência, revendo com quem estava, o que fazia, o que pretendia naquele 30 de junho.

Simbolizou um acerto de contas induzido, uma hipnose regressiva, que nem todos estavam preparados a atravessar, na tarefa espinhosa de recapitular frustrações e desilusões pessoais já cicatrizadas.

Quando o futuro encolhe, não só vivemos do passado, mas o esgotamos e nos esgotamos nele.

38.

Amor-próprio é cuidar de si mesmo quando não se está doente

A saúde é a nossa maior riqueza. O importante é ter saúde. Se todos estão com saúde, só temos que agradecer.

Essas são as frases habitualmente ditas nas conversas de rua e telefonemas, entre amigos e familiares, quando encerramos a avaliação dos últimos dias com um pensamento otimista.

Elas eram pronunciadas da boca para fora. Temos a saúde como um item natural e obrigatório, uma bênção divina, uma prece atendida, não nos esforçamos para ter saúde. Deve vir independentemente de nossas atitudes, desde que não nos incomode com o trabalho de prevenção e com cuidados intensivos como isolamento e higiene.

Está ligada a uma mesquinhez comportamental – "a saúde é minha" – que entra em rota de colisão quando atinge os outros em pandemias e adquire um caráter coletivo e urgente de solidariedade.

Imprudentemente, ela é fundamental quando não atrapalha a nossa sobrevivência financeira, os nossos planos, os nossos objetivos. Ela tem que fluir naturalmente, não se busca saúde, não se defende a saúde, não se conquista a saúde. Não é vista como uma prioridade ou um dever, apenas como direito de nascença.

O erro é raciocinar que se tem saúde para um dia perdê-la. O correto é adquirir mais saúde para não sofrer com a perda.

Pois, ao não zelar pela sua saúde, em períodos de contaminação, você corre o grande risco de tirar a saúde de alguém de seu contato. Converte-se, então, em um homicida passivo. A onipotência mata duas vezes, a si e aos demais.

39.

Admiração é falar bem dos outros pelas costas

Eu não havia dito eu te amo para a minha tia. Não sei como me escapou essa lacuna. Como deixei esse vazio perseverar tanto tempo.

Nunca havia dito eu te amo para a única irmã de minha mãe, que sempre frequentou a nossa casa, os aniversários, os Natais, e que emprestava a sua residência na praia para os nossos veraneios.

Foi quase perdê-la que me dei conta. Foi quando ela passou internada uma semana no CTI do Hospital Moinhos de Vento, em Porto Alegre (RS), entre a vida e a morte, pelo coronavírus, que as palavras finalmente saíram.

Nem posso assegurar que ela reparou, acreditando que eu disse alguma vez, mas eu percebi que jamais soprara a jura de cuidado, de oração, de permanência.

A doença desmanchou as minhas reservas, os meus pudores, a minha avareza.

Sua recuperação me trouxe alívio, de ainda poder conversar com ela tudo o que silenciei décadas a fio porque achava que ela não se importaria com o que sinto.

Era necessário, é necessário. Devia largar o analfabetismo do meu afeto por ela.

Eu me enganei, o orgulho sempre nos engana.

Ela presenteava os seus amigos com os meus livros, repassava os meus textos para os seus grupos de discussão, comparecia em minhas palestras.

Ela me admirava, oferecia os sinais de aproximação, eu que não enxergava.

Cléa Carpi da Rocha, aos 83 anos, venceu a sua pior batalha, contra a maldita gripe, que enfraqueceu os seus pulmões de tal maneira que o ar não vinha.

Talvez tenha sido a sua mais solitária guerra contra um inimigo invisível que tirava vantagem de sua idade.

Ela que já estava acostumada a superar dores inomináveis, como a de se despedir do filho pequeno devido ao câncer.

Ela que já estava habituada a abrir espaço pioneiro no direito, território até então de predominância masculina, assumindo a condição de primeira presidente da OAB/RS e depois de conselheira federal mais longeva da entidade.

Nunca havia dito eu te amo para a minha tia. Nunca havia dado um desenho, uma crônica, um mimo de minhas mãos.

Ela que recebeu as maiores medalhas dos outros, como a comenda Ruy Barbosa.

Faltava isso: a reverência dentro do lar, a admiração dentro do sobrenome. Não falta mais.

Tivemos que passar pela pandemia para um sobrinho adulto descobrir tardiamente o seu amor pela sua tia.

Nunca é tarde para ser sensível.

40.

Você agora entende que não vivia por falta de tempo, mas de vontade mesmo

Que eu possa deitar debaixo das árvores na praça para olhar o céu rodando.

Que eu feche os olhos para decifrar o que os pássaros estão cantando.

Que eu conte as aves que vão na migração.

Que eu mergulhe no mar, para debochar das ondas pequenas e me arrependa da soberba com as ondas maiores.

Que eu aceite, com exclamação infantil, os convites para passear.

Que eu viaje para longe, sem repetir nenhuma canção na playlist.

Que eu me aventure em trilhas para dividir um sanduíche nas alturas.

Que eu coloque a cabeça debaixo da cachoeira gritando de frio e de coragem.

Que eu cuide das pedras molhadas e descubra as sombras dos peixes.

Que eu fique boiando, sentindo as cócegas do sol no rosto.

Que eu perca o tempo de vista no bar com os amigos, lembrando do que vivi pelas histórias dos outros.

Que eu volte a ver meu time no estádio lotado e enlouqueça na hora do gol.

Que eu retorne à minha pelada nas segundas passando mais a bola.

Que eu prepare um churrasco, convidando mais gente que o número de pratos no armário e esquecendo aberta a porta de casa.

Que eu veja, na calçada apertada, o quanto meus filhos cresceram, que não cabem mais ao meu lado.

Que eu ponha os pais no colo, meus bebês grisalhos.

Que eu compre roupa nova para alguma festa e desfrute do prazer de arrancar a etiqueta.

Que eu dance até apertar os sapatos. Que esteja descalço no fim da balada. Que espere amanhecer para ir embora.

Que eu me maravilhe ao me despedir de cada pôr do sol.

Que eu caminhe pelo bairro para apontar o comércio que não conhecia.

Que eu manche a toalha de mesa dos restaurantes com vinho e farelos da minha gula pela vida.

Que eu me comova na hora de oferecer um abraço, que o aperto seja sincero e definitivo, como o nó dos cadarços.

Que, no meio da rua, eu beije a boca de minha mulher com vontade de entrar em sua alma.

Que eu ache bonita qualquer manifestação de carinho de estranhos, um aceno, mãos entrelaçadas, afago nos cabelos, que não sofra mais do medo da ternura.

Que eu chore quando tiver vontade, ria quando não tiver vontade.

Que a saudade de tudo me faça melhor do que antes.